엄마는
누구나

프롤로그

우리는 제일 중요한 것이 무엇인지 가지고 있을 때는 모를 것이다. 아들보다 큰 몸집이었던 엄마가 아들보다 작은 몸집이 되는 순간을 맞이할 때, 아들 옆에서 걷던 엄마가 아들 뒤에서 걷게 될 때, 아들보다 늦게 잠들던 엄마가 아들보다 이르게 잠들게 될 때, 엄마의 결핍이 늘어 갈 때마다 아들에게 삶이라는 것을 부여해 준 세상에서 가장 중요한 존재, 엄마는 아들에게 편지를 보냈다.

막내 아들에게 전송된 엄마의 인

생 편지를 엮었다. 당신이 이 편지를 받아 읽고 조금 슬퍼하고 많이 기뻐하면 좋겠다. 읽으면서 생각하면서 버리면서 나아가면서 웃기도 하고 울기도 하실 바란다.

엄마의 편지가 당신에게 닿아 함께 『엄마는 누구나』 그렇게 아름다운 인생을 살았노라고 이야기할 수 있기를. 그렇다면 아들은 받은 편지를 혼자 있던 방에서 나와 언젠가 마주할 한없이 슬퍼할 그 순간에는 혼자가 아닐 것이다.

더 늦기 전에 부치지 못했던 편지를 보낸다. 군인이었던 남편의 아내이자 딸 둘, 아들 하나의 엄마로서 몇 십 년을 살아왔던 인생이 담긴 편지를. 이 편지를 읽고 언젠가 우리 부디 다시 엄마와 함께 여행을 떠날 수 있기를 바란다.

*『엄마는 누구나』는 엄마 정옥희와 아들 방태현이 나눈 휴대 전화의 문자, 카카오톡 메시지를 기반으로 한 일러스트가 가미된 에세이입니다. 휴대 전화의 문자, 카카오톡 메시지 고유의 맛을 살리기 위해 대화문의 오타 및 띄어쓰기는 별도의 교정 교열 과정을 거치지 않았습니다.

차례

- 어디니 p 12
- 신고식 p 18
- 사전투표 p 20
- 오이무침과 귤 p 24
- p 26 나쁜 녀석들
- p 29 선풍기
- p 35 문 앞에

p 39 **냅둬**

p 46 **대기업**

품위 유지비 p 49

엄마의 인생 p 52

칼슘 p 57

정신 꽉 잡고 p 61

사서 고생 p 66

p 69 **보내고 싶은 사람**

p 73 **산티아고 순례길**

p 79 **잘 지내니**

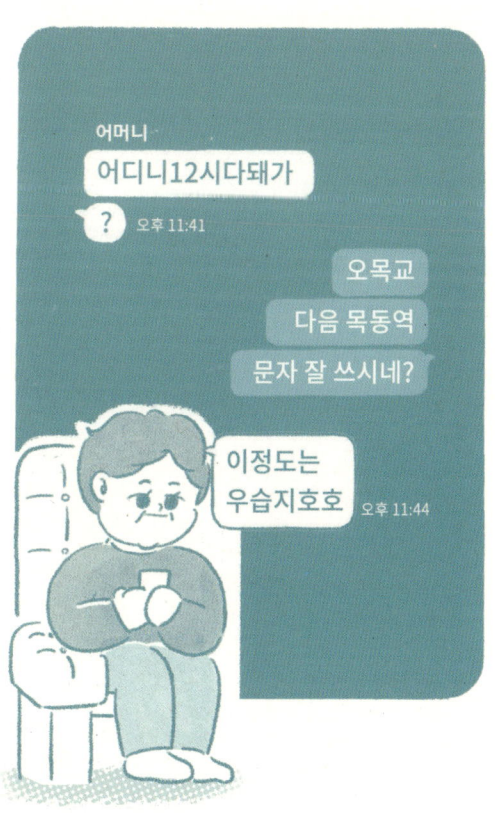

어머니
시간이몇시냐

오전 12:16

5분 내 도착

지금몇시야? 오전 2:20

시간많이됐다 오전 12:03

주무세요

지금어디냐? 오후 11:50

강남 오늘 늦어요 곧 들어가요
먼저 주무세요

어머니
> 자정이넘었다
>
> ? 오전 12:01

> 주무세요. 오늘 헹사 마치고 뒷풀이

> 시간많이됐다
>
> ? 오후 11:28

> 시간많이됐다
>
>
>
> 오후 11:47

> 주무세요~

아들이 독립하기 전 엄마는 항상 아들이 어디에 있는지 몇 시에 집으로 돌아오는지 궁금해하다가, 기다리고 기다리다가 자정이 다가올 즈음 문자 메시지를 보냈다. 아들이 독립한 뒤 엄마는 그에게 더 이상 메시지를 보낼 필요가 없어졌고 때문에 아들은 더 이상 엄마의 메시지를 받지 못했다.

언젠가의 미래에 아들이 엄마에게 '엄마, 어디야?'라고 문자 메시지를 보냈을 때, 엄마가 대답하지 못하게 될 그 어떤 때를 생각하면 아들은 눈이 질끈 감기고 아찔한 기분이 든다.

그 때가 서둘러 오지 않았으면, 엄마의 시간이 조금 느리게 흘러가기를 바라는 애원의 표시를 이곳에 남겨둔다.

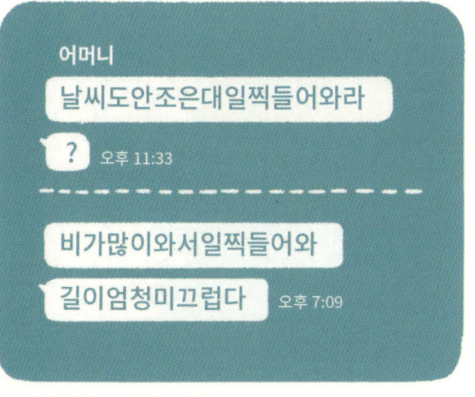

신고식

> **어머니**
> 엄마오다가엉덩방아꽝했어처음온눈에신고식했어다행이아무일은없었어
> 오후 11:33

>> 괜찮다니 다행
>> 조심하라니까
>> 얼른 주무시고 내일 출근도 조심히 하셔
>> 조심 또 조심 건강이 최고여

눈을 즐겁게 가지고 놀던 소년의 시절을 지나서 눈을 바라보며 사랑을 속삭이던 청년의 시절을 지나고 눈을 보면 엄마를 걱정하게 되는 아들의 시절로 들어선다.

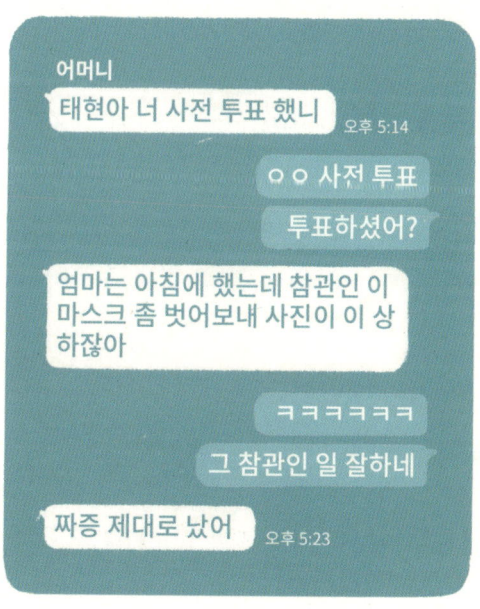

엄마 혼자서는 주민등록증도 여권도 갱신하기 어려운 나이라는 것을 알면서

도 아들은 바쁘다는 핑계로 신경 쓰지 못했다.

발급일로부터 20년이 넘은 엄마의 주민등록증 사진 부분은 하얗게 닳아있다. 닳아있는 부분이 번져갈 때마다 아들의 마음 속 부채가 쌓여간다.

부채를 갚기는커녕 핀잔만 늘어놓는 못난 아들에게 '잘났다'라고 말한 엄마는 얼굴이 잘 보이는 않는 주민등록증을 마주하며 무슨 생각을 했을까. 희미해져 가는 지난 세월을 생각했을까. 살아 온 세월보다 적게 남았을 살아 갈 세월을 생각했을까.

엄마에게 물어보고 싶은 희미한 밤을 보내고 또렷한 아침을 맞는다.

주민등록증과 여권을 갱신해드리는 일, 그것이 엄마의 남은 시간을 작지만 단단하게 느리지만 분명하게 그리하여 또렷하게 만드는 깃이다. 그것이 잘난 아들이 할 일이다.

나쁜 녀석들

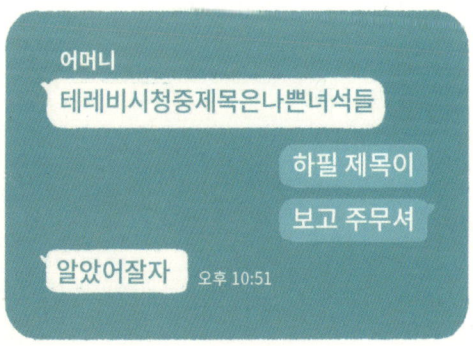

　　어쩌면 엄마에게 가장 나쁜 녀석은 아들일지도 모를 일이다.

오이무침과 귤

어머니

엄마가 집에 재활용 다버렸어 오후 7:10

고마워

귤 다 가져감?

한봉지 는 남겨 놓고 엄마가 오이 무침 갔다났어 밥 따뜻하게 해서먹어

날씨가 추워지니까 물 따뜻하게해서 밥먹어

귤 다 가져가지

알았어

받는 것보다 주는 것이 많은 사람, 엄마.

주는 것보다 받는 것이 많은 사람, 아들.

아들은 태어나는 순간부터 불효자일 수밖에 없는, 사람.

어머니
태현아 집에좀 시간돼면 가봐엄마가 선풍기를그냥커놓고온거같아

알았어

외출 시 엄마의 3대 걱정은 집 문을 꽉 닫았는지, 가스밸브를 내렸는지, 선풍기를 껐는지 또는 보일러를 외출로 설정했는지다. 언제나 그렇게 걱정하는 덕분에 집은 오롯하게 안전하다.

가까운 언젠가에 엄마가 집 문을 조금 열고 외출하게 되면 아들이 뒤돌아다가가 닫아주면 된다.

엄마가 요리 후 가스밸브를 세로로 두고 외출하게 되면 아들이 조용히 오른편으로 돌려 가로로 만들어주면 된다.

엄마가 선풍기를 미처 끄지 못하고 외출하게 되면 아들이 살며시 정지 버튼을 눌러주면 된다.

엄마가 보일러를 외출로 설정하지

못하고 집 문 밖을 나가면 아들이 외출 버튼을 어루만져주면 된다.
 그렇게 엄마의 걱정을 아들이 보듬어주면 된다.

문 앞에

어머니

너두 고기 잘 볶아먹어 잘먹어야돼 파하구 양파 없으면 문자해 문앞에 갔다 놓을께 오후 8:49

파 있어서 양배추랑 파랑 버섯 넣음 될 듯

걱정말고 주무샤

커피먹고 싶으면 문자해 내일 일 끝나구 사다 문앞에 놔줄께

괜챦스

종류를적어 엄마는 잘 모르니까 오후 6:38

집에서 마심 돼

걱정 마셔

> 일이 많아서 일 하다 보면 시간 금방 지나갈거애
>
> 갈거야

-알았어 파이팅 오후 7:43

전날 밤 주문하면 잘 만들어진 밀 키트가 문 앞에 배송되는 시대에 엄마는 아직도 정성스럽게 재워진 불고기에 양파와 파를 직접 넣고 볶아 먹어야 한다고 생각하고 아들에게 식재료가 없을까 봐 문 앞에 가져다 둔다고 말한다.

휴대 전화를 통해 커피를 주문하면 문 앞에 배달되는 시대에 아들이 커피를 마시지 못할까 봐 문 앞에 놔준다고 말한다.

그렇게 아들을 만나지 못해도 문 앞에, 그를 위한 무언가를 두고 가고 싶은 엄마의 마음을 아들은 이번 생에서는 완전하게 이해하지 못할 것이다. 그렇기 때문에 받지 않는다.

고기를 볶아 먹을 때 넣을 재료를 사고 커피를 사서 이들에게까지 오는 엄마의 수고로움을 조금은 덜어드리고 싶다. 그 정도가 엄마가 될 수 없는 아들이 할 수 있는 최소한의 배려와 존중이다.

어머니
태현아 뭐하니???? 오후 7:31

작은누나
냅둬ㅋㅋㅋㅋㅋ 오후 7:35

ㅋㅋㅋㅋㅋ

일 하는 중

금요일 날 정수기코디 가 온대

SK였나, 쿠쿠였나?

왜? 오후 7:56

어머니
에스케이 오후 7:56

　　엄마의 정수기 점검 소식도 된장 찌개가 맛있다는 이야기도 언젠가는 정말 아들이 혼자가 되어 내버려둔 상태가 되었을 때는 듣지 못하게 될 것이다.

그래서 아들은 정수기 점검은 잘 왔다 갔는지 엄마에게 물어보고 맛있는 된장찌개는 얼마나 맛있는지 직접 먹으러 엄마가 있는 본가에 간다.

시시콜콜해도 무엇이든 말하고 싶은 엄마의 마음을 주워 아들은 마음에 쌓아둔다. 그리고 언젠가 그리워질 때 다시 꺼내어 볼 것이다.

대기업

> 저녁은 뭐 드셔?

어머니
> 어제 김밥 배 터진거 데워먹어야지 김밥 세트 사서했는데 김이 다 찢어진거야 대기업에서 그따위로 장사를 하니
>
> 오전 3:16

    이름만 들으면 알만한 대기업에 다니던 아들이 '퇴사하고 세계 여행을 하겠다'라는 김밥 옆구리 터지는 소리를 했을 때 엄마는 아들에게 '왜 그 따위로 살려고 해'라고 말하지 않고 '아들 하고 싶은 대로 해'라고 말했다.

    아들이 하고 싶은 것을 하고 산다

는 것이 엄마의 마음을 찢어지게 했던 것은 아닌지 이제서야 돌아본다. 자신의 마음이 찢어진다 하더라도 아들의 인생은 터지지 않고 단단하게 말아진 뒤 고소한 참기름을 발라 반짝반짝한 김밥 한 줄과 같이 분명해지길 바라는 엄마의 마음을 나는 다시 태어나도 모를 것 같다.

> **어머니**
> 만나서 밥먹구 여기저기 구경 그래서 나이 먹어도 최소한의 품위 유지비는 필요해호호호 오전 11:24

> 품위... 있었어?

> 너는엄마를너무 우습게 알아 떼끼 오전 11:57

    엄마는 자신을 먼저 꾸미기보다 가족을 먼저 꾸며주는 사람이었다. 그것이 왜 당연하다고 생각했는지 모를 일이다. 엄마도 누군가를 만나서 맛있는 것을 먹고

여기저기 좋은 것을 구경하는, 그렇게 당연한 것들을 누리면서 자신을 꾸며나갈 수 있는 사람일 수 있다는 생각을 왜 하지 못했을까. 나이를 먹어서 최소한의 품위 유지를 할 수 있는 몇 푼의 돈을 쥐고 있다는 사실은 그나마 다행일 수 있을까. 그렇다면 그녀의 손에 품위 유지비를 가끔씩 쥐어드리고 싶다. 가끔씩, 오래.

엄마의 인생

어머니

엄마는 오늘 이모들 하구 친목계 가서 노래방 가서 2년만에 실컷놀았어 너희 아버지 가 문 을잠그고 잠든 바람에집에 못들어 갈뻔했어호호호 오전 12:12

?????

2년만 맞아? 그 전에도 놀았던 것 같은데

휴

아니야 오늘 집에 못들어갔으면 아들한테 가려구 했어 오전 12:15

전설의 고향이네

어머니

그래 오래간 만에갔더니 노래도 안돼구 나두 이제 나이 를먹었나봐 세월이 많이 야속해   오전 12:24

> 술도 드셨나?

그래도 목청 높여 놀구나니까 속이 시원해

술은 밥 먹으면서 맥주 2잔   오전 12:27

이제 또 부지런히 열심히 내할일 하면서 살아야지

근데 술 을 먹으리 왜 눈물이 날까   오전 12:31

> 슬퍼서

아니 괜시리 나정도 인생이면 참 잘산거야

> 그려
> 제일 안정적인 가정이야

어머니
고마워 너희들 이착하게 잘살아준 덕분이야 오전 12:36

나이제 잔다쿨쿨쿨 오전 12:38

 자녀들이 착하게 잘 살아준 덕분에 참 잘 살았다고 말하는 엄마 인생의 어딘가에서, 이모들과 한바탕 웃고 떠들고 놀고 난 뒤 아들의 집으로 오고 싶었던 엄마 인생의 어디쯤에서, 이제서야 뒤돌아보니 술을 마시면 눈물이 나는 엄마 인생의 시간은 참으로 빨라 참 야속했다.

    이제라도 덜 바빠질 수 있도록 바쁨은 나누고 행복은 더해드려야지.

    함께 노래 불러드려야지.

어머니

태현아 칼슘약 좀알아봐 오후 5:23

먼 칼슘?

저번에 내가 사준 두 알씩 드시는 거 괜찮았었어?

엄마 다리아픈거 아는동생이칼슘을 먹어보래

잠깐집에 약이있는데 나는잘 모르겠다

내가 약사진 찍었는데 보내는 방법을 잊어 버렸어 오후 6:03

엄마가 먹게 되는 약의 개수가 하
나 하나 늘어갈 때마다 아들이 하게 되는
걱정의 개수도 하나하나 늘어간다.

정신
꼭 잡고

어머니

연골 주사는 6개월에 한번맞는데
1월달에 맞았어 7월달에 맞아
수술은 되도록 안하구 싶어
내몸에 칼돼는 건 한번이면 돼

걱정 하지마 정신있는 한
엄마몸은 엄마가 잘 챙길께 오후 11:21

정신을 꽉 잡고 살아야지 오후 11:23

얼마 전부터 엄마는 아들의 뒤에서 걷기 시작했다.

괜찮다고 말하는 그의 걸음걸이는 절대 괜찮아 보이지 않았고 아들은 조금이나마 괜찮아지기를 바라는 마음을 담아 무릎 연골에 좋은 약과 건강보조식품을 백방으로 찾아 제공했다.

엄마는 한의원, 정형외과를 다녀도 크게 호전되지 않음을 느꼈다. 수술은 하고 싶지 않다고 대답도 없는 아들에게 마음을 쏟아냈던 어느 날 밤. 아들은 그 마음을 차마 받아내지 못했던 것을 아직까지도 후회한다.

 말 뿐만인 응원이라도 작은 격려라도 해줬더라면 무릎은 아니더라도 마음은 조금이라도 호전될 수 있었을 텐데.

엄마가 정신을 꽉 잡고 엄마 몸을 스스로 챙기겠다고 다짐했던 그날 밤, 뒤늦게나마 아들은 정신 꽉 잡고 엄마의 마음을 자신이 챙기겠다고 다짐했다.

> **어머니**
> 태현아 엄마 어제 한번 밖에 안먹구 잔는데 다리가 하나두 안아파고맙구 얼마나 다행이니 오전 3:16

> 진짜야?
> 약 맛은 어때?

서로에게 그런 밤이었다.

사서고생

> 나 해외 가 있는 동안
>
> 울집 잘 부탁해

어머니
언제 가는데 오후 10:20

> 7월 둘째 주쯤
>
> 산티아고 순례길 예정

집은 내가 잘봐줄께 돈은 안줘도돼

> 돈은 나 없는 동안 잘 지내시라고 주는 거

고생을 사서 하는구나 어디가도 몸조심 잘먹구

아들이 여행을 떠날 때 엄마는 항상 같은
말을 반복했다.

'잘 먹고, 조심하고.'

뭐 맨날 똑같은 이야기만 하냐고 핀잔을
주면, 그게 제일 중요하단다.
아들은 생각해본다.

**'맞아, 그게 제일 중요하지.
당연하게도, 엄마의 존재처럼.'**

보내고 싶은 사람

> 뭐래?
>
> 사랑한대?

어머니
> 잠꼬대 가 심해 오후 10:43
>
> 막 싸워 오후 10:44
>
> 순례길 갈 사람은 따로 있네
>
> 인생 을 어떻게 살길래 자면서 싸우리
>
> 비행기 값줘서 보내고 싶다진심

　자녀들이 모두 출가한 이후에도 아직까지 한 방에서 잠이 드는 노년의 부부는 자못 뭉클하다. 각자의 방에서 편히 잠들 수 있음에도 불구하고 불편함을 선택하는 엄마의 마음은 어디로부터 오는 것일까. 엄마는 혼자인 불행보다 함께인 불편을 선택한 것일까.

　　엄마와 대화할수록 그를 이해할 수 없게 되는 아들의 마음은 아득하다. 언젠가는 다가 올 엄마가 없는 아들의 삶은 불행해지지 않을까 생각한다.

　　그러한 삶이 불행하지 않고 다만 조금 불편함에도 불구하고 살아가는 삶이 되기 위해서는 바로 지금, 엄마가 아들에게 말을 걸어줄 때 지체하지 않고 그 어떤 것이라도 대답해주는 것이라고 생각한다. 엄마는 아들에게 할 수만 있다면 영원히 보내고 싶지 않은 사람이다.

산티아고 순례길

어머니

모든일에 감사합니다 하구기도해 오후 4:37

오늘 18km 걸으면 일단락 됨

고생많이 한다 그러나 먼훗날 아주값진 추억이 될거야 아들 파이팅야자

그리고 태현아 어쩔수 없겠지만
너무 태우면 너 아파서
고생해가릴수 있으면
가리구조심 아들 파이팅 야자 오전 6:58

많이탔네 손만 하애조심해서 다녀 오전 3:56

엄마 가 오는날 김치찌개 맛있게끓여 줄께 건강히 잘다니다가와

> 근데 다음날이 추석 연휴 시작이라 추석 음식 만들어야 할 걸 ㅋㅋㅋ

> 추석 음식은 음식이구
> 우리아들 이 먼저지 오후 7:08

작은누나
> 휴…….. 오후 7:11

나 응원하는 거 맞지?

> 우리아들…… 오후 7:34

다른 아들 아니잖아

> 태현아 잇몸 부은건 좀 어떠니 오후 9:29

나 도착해서 씻고 휴식 중

잇몸 바르는 연고 사서 이틀 바르니

다 나았음

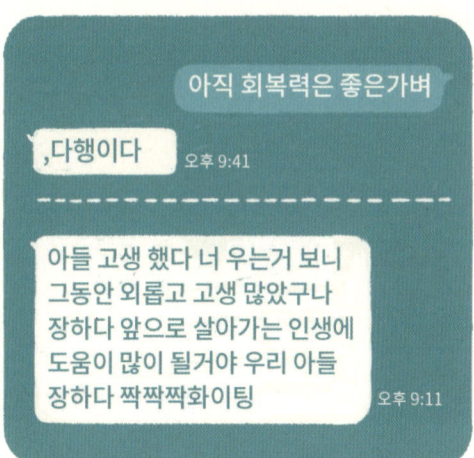

　　40도가 넘는 폭염 아래에서 40일 동안 스페인의 산티아고 순례길을 하루에 20-30km를 걷는 동안 아들이 가장 많이 그리워했던 사람은 엄마였다.

엄마가 당연하게 해주던 것을 길을 걷는 동안은 스스로 하거나, 돈을 내고 다른 이에게 부탁해야 했다. 아들은 원하는 시간에 원하는 음식을 먹으려면 스스로가 움직여 주머니에서 돈을 꺼내 먹어야 했다. 조건 없이 당연하게 해주는 사람은 없다. 엄마처럼.

아들은 일어나기 어려운 수많은 아침을 맞이하면서 서른이 넘은 나이에 늦게 일어나놓고 '왜 안 깨웠어'라고 성을 내거나, '주말에만 집에서 밥을 먹는데 반찬이 이게 뭐냐'고 엄마에게 투정했던 지난 날들을 떠올렸다. 참 못났었구나, 그 때에는

걷는 것이 가장 힘들었던 날, 엄마에게 전화를 걸었다.

"지금은 어디니?"

"잘 먹고, 조심하고."

"그래도 아들 목소리 들으니까 좋네."

아들은 무너져버렸다. 전화를 끊은 뒤 펑펑 울었다. 엄마는 누구나 이렇게 아들을 울리는 것인지 물어보고 싶은 마음이 간절했지만 그 나약한 마음은 스페인 산티아고 순례길의 어딘가에 내려 두고 다시 앞으로 걸어나갔다. 그리고 결국에 779km를 걸어냈다.

잘 지내니

...

전화

취소

전화 받으슈

전화

취소

전화

취소

영상

 부재중

 전화

 취소

아니 영상통화는 걸고
전화는 왜 안 받아

 전화

 취소

엄마가 잘못눌렸어 잘지내지

지금 전화 걸테니 받아봐

 1:54

아들이 여행을 업으로 삼은 날로부터 지금까지 엄마는 항상 이곳이 아닌 그곳에 있는 아들의 안부가 궁금하다. 아들 또한 그곳이 아닌 이곳에서 지친 일정을 소화하고 난 뒤 숙소로 돌아오면 가장 생각나는 사람인 엄마에게 전화를 건다.

통화 연결이 몇 일째 되지 않던 날, 아들은 죽음에 대해 생각했다. 죽음이 엄마에게 먼저 올 것이라는 사실에 잠 못 드는 밤을 보냈다. 그래서 언젠가는 엄마에게 전화를 걸어도 받지 못하는 날이 올 것이라는 생각에 잠 못 드는 밤을 보냈다.

나이가 들어갈수록 세상에 당연한 것은 없다고 거듭 깨달아 가던 아들이지만 역설적으로 엄마와 아들에게 부여된 삶과

죽음은 당연히 찾아오기 마련이다. 그런 의미에서 아들이 인생이라는 여정을 시작했을 때 나란히 걸어가 주는 엄마의 존재 또한 당연하게 여겨지지만 다시 한번 역설적으로 엄마의 존재 또한 당연한 것이 아닐지도 모른다.

당연한 것과 당연하지 않은 것의 사이에서 살아간다. 더불어 모든 삶은 모든 죽음과 나란히 있다는 것을 깨닫는다. 나란히 걸어간다. 함께 걸어갈 때 우리는 절망보다는 희망, 혐오보다는 사랑, 불행보다는 여행을 발견할 테니까.

엄마와 아들은 누구나 그렇게 살아가는 것일 테니까.

에필로그

엄마보다 작은 몸집이었던 아들이 엄마보다 큰 몸집이 되었을 때, 엄마 옆에서 걷던 아들이 엄마 앞에서 걷게 되었을 때, 엄마보다 일찍 잠들던 아들이 엄마보다 늦게 잠들게 되었을 때, 결핍이 늘어가는 엄마를 바라보는 아들의 마음이 한없이 가라앉을 때마다 아들은 시시콜콜해도 무엇이든 말하고 싶은 엄마의 마음을 주워 마음에 쌓아두었다. 그리고 마음 속 깊숙하게 자리잡고 있던 엄마에 대한 이야기를 세상에 꺼내 놓았다.

겉으론 엄마에게 핀잔뿐인 『아들은 누구나』 아들은 처음이라서, 태어날 때부터 엄마는 될 수 없는 사람이라서 엄마와 평행선을 달려 결국은 서로의 마음을 읽지 못한 채 그래, 완독하지 못한 채 '우리'라는 책장을 덮어버리고 말지도 모를 일이다.

엄마는 도대체 어떤 사람인지 물어보고 싶은 지난밤을 보내고 나서도 모든 것이 밝아져 솔직해지는 아침에는 엄마에게 읽혀지는 『아들』이라는 제목의 마지막 책이 되어 밑줄이 그어지고 모퉁이가 접혀지고 완독되어지길 바라는 마음은 도대체 어디에서 온 걸까. 아들의 마음이긴 한 걸까. 이것은 누가 쓴 책일까.

아들이 엄마에게 읽혀지는 마지막 책이라면, 구겨지고 찢어져 다시 그 어떤 누구나에게도 읽혀질 수 없는 상태가 된다 하더라도 서툰 고백이 담긴 애원의 표시를 이 책에 남겨둔다.

그리하여 마침내 아들은 엄마에게 '흔적'이 될 것이다.

따뜻한 봄날에는
우리 다시 서로에게
꽃이 되어주기로 해요

엄마는 누구나

초판 1쇄 인쇄 2023년 4월 14일
초판 1쇄 발행 2023년 4월 21일

지은이 | 엄마 정옥희 & 아들 방태현
일러스트 & 디자인 | 누구나
펴낸곳 | 출판사 방
인쇄 | ㈜경일씨앤피
출판 등록 | 2018년 11월 9일 제 2018-000063 호
전자우편 | bookandbang@gmail.com
ISBN 979-11-978905-1-2(00810)
- 이 책의 판권은 지은이와 출판사 방에 있습니다.
- 책 내용의 전부 또는 일부를 이용하려면 출판사 방의 동의를 받아야 합니다.